EddaLaira

Das sind wir!

(Heft 1)

Ein deutsches Lesebuch

Peter Oram

Zeichnungen
von
Phil Forder

Starborn Books

DAS SIND WIR
Ein deutsches Lesebuch
Heft 1
(A German Reader)

Peter Oram

First published in 2003
by Starborn Books
Glanrhydwilym, Llandissilio,
Clunderwen, Pembs.
Wales, U.K. SA66 7QH

in association with

the Steiner Waldorf Schools Fellowship
Kidbrooke Park, Forest Row
East Grinstead, Sussex, UK

All rights reserved
© Starborn Books 2003

www.starbornbooks.co.uk
sales@starbornbooks.co.uk

No part of this book may be reproduced, stored in a retrieval system, or transmitted in any form or by any means, electronic, mechanical, photocopying, recording or otherwise without permission in writing from the publisher.

ISBN   1 899530 12 6

VORWORT

Liebe Lehrerin/lieber Lehrer!

Diese kleine Lektüre besteht aus zwei zusammengehörenden Heften und ist für den Deutschunterricht in der fünften Klasse (elftes/zwölftes Lebensjahr) vorgesehen. Sie könnte aber auch eventuell für eine sechste Klasse benützt werden. Sie setzt voraus, dass die Kinder schon einige Jahre gesprochenes Deutsch erlebt und geübt und einfache Schreibübungen unternommen haben. Sie haben wahrscheinlich auch erste kleine Texte gelesen und sind jetzt bereit, in die Lektüre der deutschen Sprache einzutauchen. Ich hoffe, dass dieses Büchlein ihnen eine freundliche und lebendige Einführung bietet.

Die Kapitel sind kurz und leicht überschaubar; jedes verfügt über ein begrenztes Vokabular aus vor allem ein- und zweisilbigen Wörtern, die meistens einfache Hauptsätze bilden. Ich habe versucht, einen Mittelweg zu finden zwischen der Notwendigkeit eines elementaren Sprachniveaus und den vielleicht anspruchsvolleren Erwartungen der Elf- oder Zwölfjährigen hinsichtlich des Inhalts. Wir treffen zuerst Johann, dann Jutta, und sie führen uns Stück für Stück in ihre Welt ein. Wir lernen ihren Wohnort kennen und nehmen teil an ihrem täglichen Leben; dann zeigen sie uns die umliegende Stadt und ihre Besonderheiten und erzählen uns einige Nürnberger Anekdoten und Legenden. Die ersten Kapitel bilden eine sehr einfache Einführung und schließen meistens mit ein paar Fragen an die Leser, um einen nahtlosen Übergang vom Lesen ins Arbeiten, vom Fühlen ins Denken zu ermöglichen. Es stehen dann immer einige Wortlisten („Wortfamilien") zur Verfügung, die aus dem Text stammen und als Anregung für die weitere mündliche oder schriftliche Entwicklung des Materials dienen können (siehe Hinweis 3. im Anhang).

Die ersten zwölf Kapitel benützen mit sehr wenigen Ausnahmen nur die Gegenwartsform der Verben, erst dann werden allmählich die Vergangenheitsformen hinzugefügt, sowohl das umgangssprachliche Perfekt als auch das Imperfekt.

Im Anhang am Ende des Büchleins gibt es für jedes Kapitel Fragen und kleine, einfache Übungen. Bitte lesen Sie auch die Hinweise, die am Anfang dieses Teils stehen. Dem Anhang folgt ein deutsch-englisches Wörterverzeichnis für jedes Kapitel. Die Verzeichnisse sind kumulativ aufgebaut: jedes enthält immer nur die neuen Wörter, die im jeweiligen Kapitel erscheinen.

Zum Schluss möchte ich mich bei drei Menschen bedanken, die bei der Entstehung dieser Lektüre unentbehrlich waren:
- bei Martyn Rawson, der mir diese Arbeit anvertraute,
- bei Sabine Roberts für ihre einsichtige sprachliche und pädagogische Beratung,
- und bei meiner Frau Gudrun, für ihre Geduld bei der detaillierten Überprüfung des Texts, für ihre Kritik und für ihre vielen Vorschläge.

Peter Oram, Nürnberg, März 2003

Inhalt

1. Über mich — 9
2. Wo ich wohne — 11
3. Der Tag beginnt — 13
4. In der Straßenbahn — 15
5. Unsere Stadt — 17
6. In der Schule — 20
7. Eine kleine Störung — 22
8. Jutta erzählt — 25
9. Vorbereitungen — 28
10. Die Weihnachtszeit — 30
11. Silvester bei Johann — 33
12. Jutta im Winter (1) — 35
13. Jutta im Winter (2) — 38
14. Eine Probe — 40
15. Der Maler und der Kaiser — 43

Anhang — 45
Wörterverzeichnis — 55

1. ÜBER MICH

Hallo!

Ich heiße Johann.

Ich bin zwölf Jahre alt, und ich wohne in Deutschland. Ich habe kurze, braune Haare, aber meine Augen sind nicht braun, sie sind blau. Ich bin nicht sehr groß, aber auch nicht sehr klein. Also mittelgroß.

Ich habe eine Schwester und einen Bruder. Meine Schwester heißt Julia, und sie ist schon fünfzehn Jahre alt, aber mein Bruder Franz ist erst acht.

Wir wohnen bei unserem Vater und unserer Mutter. Julia hat lange, blonde Haare. Sie spielt Klavier. Ich spiele Gitarre, aber nur ein wenig. Ich spiele lieber Basketball. Franz spielt kein Instrument, nur etwas Blockflöte in der Schule.

Und du? Wie heißt du? Wo wohnst du? Was spielst du?

LESEN, SCHREIBEN, ÜBEN...

der Vater
die Mutter
der Bruder
die Schwester

das Klavier
die Gitarre
die Blockflöte

ich wohne
du wohnst
wir wohnen

ich spiele
du spielst
er spielt

ich heiße
du heißt
er/sie/es heißt

ich spiele lieber ...

„Ich spiele lieber Basketball..."

2. WO WOHNE ICH?

Ich wohne in einer großen Stadt. Die Stadt heißt Nürnberg. Ich wohne nicht in einem Haus. Nein, ich wohne in einer Wohnung.

Die Wohnung ist aber schön! Sie ist nicht in der Stadtmitte, sie ist am Stadtrand.

Die Wohnung ist im vierten Stock. Sie hat fünf Zimmer und natürlich auch eine Küche und ein Badezimmer. Das Wohnzimmer ist das größte Zimmer; es hat sogar einen Balkon, auf dem man im Sommer in der Sonne sitzen kann.

Von meinem Zimmer aus sehe ich einen großen Park mit vielen Bäumen. Julia sieht von ihrem Zimmer aus die Straße. Sie sieht keine Bäume, sie sieht viele Autos und ab und zu die Straßenbahn. Franz sieht von seinem Zimmer aus auf eine kleine Seitenstraße.

Und du? Wohnst du in einer Stadt oder auf dem Land? In einer Wohnung oder in einem Haus? Und was siehst du von deinem Fenster aus?

LESEN, SCHREIBEN, ÜBEN...

Wo? *Die Zimmer:*

in einer Stadt das Zimmer
in einem Haus das Wohnzimmer
in einer Wohnung das Badezimmer
auf dem Land die Küche
in der Stadtmitte der Balkon
von meinem Fenster aus
am Stadtrand

   ich wohne hier
ich sehe den Park du wohnst auch hier
du siehst viele Bäume er/sie wohnt dort
er sieht die Straßenbahn wir wohnen nicht dort

3. DER TAG BEGINNT

Jeden Morgen stehe ich um halb sieben auf. Das ist sehr früh! Ich wasche mich schnell und ziehe mich an, dann esse ich Frühstück.

Zum Frühstück esse ich immer zwei Brötchen mit Butter und Marmelade – viel Marmelade! Ich trinke auch eine große Tasse Kakao dazu. Das ist mein Lieblingsfrühstück!

Um Viertel nach sieben ziehe ich meine Jacke an. Dann hole ich meine Schultasche aus meinem Zimmer. Ich ziehe meine Schuhe an und gehe hinaus auf die Straße.

Die Haltestelle der Straßenbahn ist nicht weit weg. Dort warte ich auf die Straßenbahn. Mein bester Freund Georg Schwab und seine Schwester Sonja warten auch. Meine Schwester Julia ist nicht da. Sie muss früher weg. Und Franz? Er geht noch in die Grundschule. Die Grundschule ist nicht weit von unserer Wohnung. Franz fährt nicht mit der Straßenbahn. Er geht zu Fuß.

Wie kommst du in die Schule? Gehst du zu Fuß?
Fährst du mit der Straßenbahn? Oder mit dem Bus?

LESEN, SCHREIBEN, ÜBEN...

ich stehe auf	ich hole meine Tasche
ich wasche mich	ich gehe hinaus
ich ziehe mich an	ich trinke Kakao
ich esse Frühstück	ich warte auf die Straßenbahn

weit weg   früh   immer   noch

„Jeden Morgen stehe ich sehr früh auf..."

4. IN DER STRASSENBAHN

Es klingelt! Die Straßenbahn kommt. An der Haltestelle hält sie an. Die Tür öffnet sich und wir steigen ein. Es gibt so viele Leute in der Straßenbahn um diese Zeit! Sie fahren alle zur Arbeit oder zum Einkaufen, nur die Kinder nicht. Sie fahren in die Schule.

Nach einer halben Stunde sind wir in der Bahnhofstraße. Da steigen alle Kinder aus. Ich steige auch aus.

Die Schule ist nicht weit weg – zwei oder drei Minuten zu Fuß. Es ist jetzt Viertel vor acht. Die Schule fängt um acht Uhr an. Das ist zu früh! Ich bin immer so müde! Aber es ist nicht so schlimm. Meine Freunde sind alle da. Wir plaudern miteinander, vielleicht über einen neuen Film oder über unsere Pläne für das Wochenende, und bald bin ich ganz wach.

Um fünf Minuten vor acht gehen wir alle in unsere Klassen. Der Unterricht fängt an. Wann fängt bei dir die Schule an? Um acht Uhr? Bist du gerade jetzt ganz wach? Oder bist du müde?

LESEN, SCHREIBEN, ÜBEN...

ich bin müde	ich steige ein
ich bin ganz wach	ich steige aus
ich bin da	wir steigen ein
es ist zu früh!	wir steigen aus

es klingelt
die Straßenbahn hält an
die Tür öffnet sich
die Schule fängt an

„Es klingelt! Die Straßenbahn kommt..."

5. UNSERE STADT

Nürnberg ist eine sehr schöne Stadt. Sie hat eine große, sehr alte Stadtmauer. Diese Mauer geht um die Altstadt herum. Durch die Mitte fließt ein Fluss.

Die Altstadt ist der älteste Teil der Stadt. Hier gibt es eine große Burg, hoch auf einem Felsen. Es gibt hier auch viele Kirchen, und zwei davon haben sehr hohe, spitze Türme.

Es gibt breite Straßen mit vielen Läden. In den Straßen und auf dem Platz vor der Lorenzkirche gibt es immer viele Straßenmusikanten. Es ist schön, durch die Stadt zu wandern und ihre Musik zu hören.

Vor Weihnachten gibt es jedes Jahr einen riesigen Weihnachtsmarkt auf dem großen Marktplatz. Viele Leute kommen aus der ganzen Welt, um diesen Markt zu sehen.

Da kann man viele schöne Sachen kaufen, zum Beispiel Lebkuchen. Die allerbesten Lebkuchen kommen aus Nürnberg. Mmm... lecker!

Was gibt es in deiner Stadt? Oder in deinem Dorf?

„... eine große Burg, hoch auf einem Felsen..."

LESEN, SCHREIBEN, ÜBEN...

eine Burg
viele Kirchen
breite Straßen
viele Musikanten
ein Weihnachtsmarkt
die Lebkuchen

um die Altstadt **herum**
durch die Mitte
durch die Stadt

auf dem Felsen
auf dem Platz
vor der Kirche
aus der ganzen Welt
in den Straßen

schön
hoch
breit
riesig

alt
spitz
groß
lecker

6. IN DER SCHULE

Ich bin in der fünften Klasse. In meiner Klasse sind fünfunddreißig Kinder, einundzwanzig Jungen und vierzehn Mädchen.

Ich sitze ganz vorne, genau in der Mitte. Schade. Ich darf nicht hinten sitzen. Warum denn nicht? Mein bester Freund, Georg Schwab, sitzt hinten. Herr Schäfer, der Lehrer, sagt, wir reden zu viel, wenn wir nebeneinander sitzen. Jetzt steht Herr Schäfer direkt vor mir.

Links von mir sitzt Hans Klein. Er ist auch wirklich klein. Aber er kann sehr schnell laufen. Manchmal in der Pause ruft er: „Wette, du kannst mich nicht fangen!" Dann läuft er weg. Du läufst ihm nach, und es ist wahr: Du kannst ihn nie fangen!

Rechts von mir sitzt Jutta. Ich vergesse immer ihren Nachnamen. Ich glaube, sie kommt aus Norddeutschland.

Wer sitzt neben dir? Wer rechts, wer links? Wer sitzt hinter dir, und wer sitzt vor dir?

LESEN, SCHREIBEN, ÜBEN...

Wo? *Was tun wir?*

vor mir   ich sitze
hinter mir   ich darf nicht sitzen
rechts von mir   wir reden zu viel
links von mir   er kann schnell laufen
ganz **hinten**   er läuft weg
ganz **vorne**   du läufst ihm nach
genau **in der Mitte**   du kannst ihn nie fangen
                           ich glaube
                           ich vergesse

Wann?...   immer   manchmal   nie

   ist das wahr?   wirklich?

7. EINE KLEINE STÖRUNG

Wir haben jetzt Geometrie. Das ist schwer. Mein Kopf tut ein bisschen weh. Vielleicht kommt das vom vielen Denken!

Es ist ganz still in der Klasse. Wir schreiben und rechnen. Aber plötzlich schreit Heidi Müller ganz laut. Dann schreit auch Sonja Tölz, und dann schreien viele:

„Schau! Da!"... „Nein, da ist sie jetzt, schau!"... „Da – unter dem Stuhl!"... „Iiiiii!"

„Um Himmels willen! Was ist denn los?" ruft Herr Schäfer.

„Eine Maus!" ruft Sonja. „Ja, eine kleine weiße Maus!" ruft Heidi.

„Und woher kommt die weiße Maus?" fragt Herr Schäfer. Es wird ganz still in der Klasse. Dann sagt Georg sehr leise:

„Es ist meine Maus, Herr Schäfer..."

„Und warum ist sie in der Schule?"

„Ich ... ich habe mit ihr gespielt, heute morgen nach dem Frühstück. Sie ist in meiner Tasche eingeschlafen, und ich habe sie vergessen. Jetzt ist sie wieder wach."

„Und woher kommt die weiße Maus?..."

„Das sehe ich," sagt Herr Schäfer.

Die Maus sitzt in der Ecke. Sie hört zu. Dann ruft Georg leise: „Abraham, komm her!" Die Maus läuft zu ihm. Er gibt sie Herrn Schäfer. Er steckt sie in eine Schachtel. Da bleibt sie, bis es Zeit ist, nach Hause zu gehen.

LESEN, SCHREIBEN, ÜBEN...

wir schreiben
wir rechnen
wir denken
wir schreien

sie sagt
er fragt
sie ruft
sie schreit
sie hört zu

in der Klasse
unter dem Stuhl
in der Schule
nach dem Frühstück
in meiner Tasche
in der Ecke

es ist schwer
es tut weh
es wird ganz still
es ist ganz still
was ist denn los?

was?   woher?   warum?

8. JUTTA ERZÄHLT

Hallo!

Ich glaube, Johann hat genug gesagt! Jetzt bin ich dran.

Ich heiße Jutta. Ich bin noch ziemlich neu in dieser Schule. Ich bin erst seit einem Jahr hier in Nürnberg. Johann hat Recht, ich komme aus dem Norden, aus Hannover. Du denkst vielleicht, Nürnberg ist groß, aber Hannover ist noch etwas größer.

Wir wohnen nicht in Nürnberg selbst. Wir wohnen in einer kleinen Stadt in der Nähe. Sie heißt Lauf. Sie ist wirklich sehr schön. Da gibt es viele sehr alte Häuser. Sie sehen aus wie die Häuser in einem Märchen. Manchmal gehe ich durch die engen Straßen. Ich gehe langsam, wie im Traum. Ich sehe alles, wie es vor vielen Jahren war.

Dann sieht plötzlich alles ganz anders aus. Ich sehe keine Autos. Nein, ich sehe Pferde oder vielleicht einen Esel. Hühner laufen hin und her. Ich höre keine Motoren. Ich höre nur das Bellen der Hunde, das Wiehern der Pferde, das Schreien der Kinder. Ab und zu kräht ein Hahn.

Viele Händler in bunten Kleidern gehen mit ihren Waren auf und ab. Sie rufen mit lauter Stimme: „Frische Forellen!", „Gebratene Mandeln!", „Süße, rotbackige Äpfel!"

Ich gehe staunend die Straße entlang.

Plötzlich hupt es laut hinter mir. Ein Autofahrer will vorbei. Ich bin im Weg. Auf einmal bin ich wieder wach. Der Traum ist zu Ende.

LESEN, SCHREIBEN, ÜBEN...

alt	genug	nämlich
eng	hübsch	ziemlich
bunt	frisch	plötzlich
laut	gebraten	wirklich
süß	rotbackig	

hin und her   auf und ab   ab und zu

ich bin dran
ich sehe alles   der Hahn kräht
ich höre nichts   der Hund bellt
ich gehe langsam   das Pferd wiehert
ich bin im Weg   das Kind schreit
er will vorbei   das Auto hupt

es ist zu Ende   es sieht aus wie...

Albrecht-Dürer-Haus, Nürnberg

9. VORBEREITUNGEN

Es ist Samstag. Ich bin in der Stadt. Es ist alles ein wenig anders als üblich. Es sieht anders aus. Es riecht anders. Es klingt anders. Es fühlt sich anders an.

Erstens gibt es viel mehr Leute als vor ein paar Wochen. Ich gehe die Straße entlang. Es ist schwer, durch die Menge zu kommen.

Zweitens ist alles hell beleuchtet. Es ist vier Uhr nachmittags. Um diese Tageszeit im Dezember ist es schon fast dunkel. Aber nicht in der Stadt! Die Weihnachtsdekorationen über den Straßen und in den Schaufenstern erhellen alles mit festlichem Licht.

Auf dem Platz vor der Lorenzkirche steht ein riesiger Tannenbaum. Auch er leuchtet hell.

Und die Gerüche! Oh, wie wunderbar es riecht! Gebrannte Mandeln, geröstete Kastanien, Brat-

würste, Zimt, Nelken, frisches Gebäck, Tannen-
nadeln – alles durcheinander!

Und in der Ferne höre ich Glockengebimmel und Weihnachtslieder.

LESEN, SCHREIBEN, ÜBEN...

in der Stadt	es **ist** anders
über den Straßen	es **sieht** anders **aus**
auf dem Platz	es **klingt** anders
in der Ferne	es **riecht** anders
vor der Lorenzkirche	es **fühlt sich** anders **an**
vor ein paar Wochen	
um diese Zeit	

die Straße **entlang**

10. DIE WEIHNACHTSZEIT

Wie feierst du Weihnachten? Ich glaube, ihr feiert etwas anders als wir.

In England ist der wichtigste Tag der fünfundzwanzigste Dezember. Aber in Deutschland ist die wichtigste Zeit der Abend vorher.

An diesem Tag stellen die Eltern den Weihnachtsbaum auf. Aber die kleinen Kinder dürfen noch nicht ins Zimmer. Sie müssen warten. Zuerst kommt das Christkind. Das Christkind legt die Geschenke unter den Baum. Endlich kommen die Kinder herein. Sie sehen alles staunend an. Vor allem den Baum mit seinen vielen leuchtenden Kerzen!

Dann stellt sich die ganze Familie vor den Weihnachtsbaum und singt Weihnachtslieder. Die kleinen Kinder haben lange auf diesen Moment gewartet. Die großen auch! Endlich können sie ihre Geschenke auspacken!

„Die Kinder haben lange auf diesen Moment gewartet!..."

Dieses Jahr kommt meine Großmutter zu uns. Sie kommt mit dem Zug aus Hannover. Sie bleibt eine Woche bei uns. Sie ist sehr alt, aber auch sehr gesund und lebhaft. Sie backt jedes Jahr wunderbare Plätzchen, und sie bringt sicher auch diesmal viele mit. Ich brauche nur daran zu denken und ich schmecke sie schon auf der Zunge!

Am nächsten Tag ist die Welt irgendwie anders. Alles scheint frisch und neu. Wir besuchen Freunde oder Verwandte. Wenn das Wetter schön ist, gehen wir vielleicht alle spazieren. Ich mag Weihnachten, besonders, wenn es schneit.

Was machst du zu Weihnachten? An welchem Tag feierst du in deinem Land? Kommen auch bei dir Verwandte zu Besuch?

LESEN, SCHREIBEN, ÜBEN...

Wann?... *Wie?...*

an diesem Tag	wichtig
am nächsten Tag	klein
am Abend	leuchtend
dieses Jahr	groß
jedes Jahr	alt
nach dem Abendessen	gesund
noch nicht	lebhaft
diesmal	wunderbar
zuerst	frisch
endlich	neu
schon	fröhlich

Was tun wir?...

feiern	kommen	warten
singen	gehen	bleiben
backen	bringen	stehen
schmecken		dürfen

11. SILVESTER BEI JOHANN

Der letzte Dezembertag heißt bei uns Silvester. Das alte Jahr ist zu Ende. Jetzt kommt ein ganz neues Jahr. Die meisten Leute bleiben bis Mitternacht wach. Ich auch. Aber Franz nicht, er ist noch zu jung. Genau um Mitternacht öffnet mein Vater eine Flasche Sekt. Ich darf noch keinen Sekt trinken. Letztes Jahr habe ich ihn aber einmal heimlich probiert. Er schmeckt ekelhaft!

Mein Vater hat Feuerwerkskörper gekauft. Die Nachbarn auch. Es gibt bei uns zu Silvester immer ein Feuerwerk. Über dem ganzen Land ist der Himmel voll Krachen und Blitzen. Aber erst um Mitternacht, wenn das neue Jahr beginnt.

Mein Freund Georg Schwab hat das ganze Jahr sein Taschengeld gespart. Er will die größte Rakete kaufen, die er finden kann! Er will die größte Rakete kaufen, die es gibt! Gestern hat er versucht, sie zu kaufen. Aber die Frau im Laden hat gesagt:

„Kinder dürfen keine Feuerwerkskörper kaufen!"

Er war wütend. Aber ich habe ihm gesagt:

„Sei nicht so dumm, Georg. Du hast Glück gehabt! So eine Rakete in die Luft zu schießen – das ist nicht besser als dein Geld ins Feuer zu werfen. Aber jetzt hast du viel Geld für das neue Jahr gespart. Das ist wunderbar!"

„Das stimmt", hat er endlich gesagt und hat gelacht. „Du hast ganz Recht!"

Mitternacht kommt. Es kracht! Wir schauen den blitzenden, funkelnden Himmel an. Die großen Raketen zischen hinauf und explodieren. Dann fallen sie langsam zur Erde, wie riesige Blumen aus tausend Farben. Georg ist sehr froh. Denn er hat keinen Pfennig dafür bezahlt.

LESEN, SCHREIBEN, ÜBEN…

er **hat** sie gekauft	er **hat** bezahlt
er **hat** gespart	er **hat** versucht
sie **hat** gesagt	
es **hat** gekracht	wir **haben** sie angeschaut

12. JUTTA IM WINTER (1)

Es ist Winter. Draußen ist es bitterkalt. Der Himmel ist grau. Ab und zu scheint die Sonne, aber sie ist ganz blass. Sie bleibt nur ein paar Minuten und dann ist sie schon wieder weg.

Trotzdem bin ich glücklich! Denn aus dem grauen Himmel fallen große Schneeflocken. Die ganze Welt wird weiß. Es sieht so schön aus! Der große Teich vor dem Wald ist gefroren. Heute Nachmittag kommt meine Freundin Jasmin vorbei. Wir gehen Schlittschuh laufen. Das haben wir letztes Jahr auch gemacht, und ich freue mich darauf! Ich ziehe viele warme Sachen an: einen dicken Pullover, einen Anorak, eine Mütze und Handschuhe. Es ist ja eiskalt draußen! Trotzdem wird mir nach einer Stunde auf dem Eis immer warm.

Nur einmal habe ich einen Unfall gehabt. Das war letztes Jahr. Stell dir vor: so ein Tag wie heute. Wir laufen den ganzen Nachmittag Schlittschuh. Es wird Abend. Alle gehen schon nach Hause. Nur ich nicht. Sie rufen mir zu:

„Komm mit, Jutta! Es wird dunkel!"

Aber ich gehe nicht mit. Ich will wissen, wie es ist, allein auf dem Eis zu sein. Ich will den ganzen Teich nur für mich...

(Gleich geht's weiter!...)

„Der große Teich vor dem Wald ist gefroren..."

LESEN, SCHREIBEN, ÜBEN…

es ist bitterkalt
der Himmel ist bedeckt
die Sonne ist blass
der Schnee fällt
große Schneeflocken fallen
der Teich ist gefroren

sie kommt vorbei
sie gehen miteinander
ich gehe nicht mit

die Welt wird weiß
es wird mir kalt
es wird Abend
es wird dunkel

ein paar Minuten
heute Nachmittag
den ganzen Nachmittag
jedes Jahr
letztes Jahr

trotzdem bin ich glücklich!
trotzdem wird mir warm!

13. JUTTA IM WINTER (2)

(Fortsetzung)
Bald bin ich allein auf dem Eis. Ich bin allein in einer weißen, stillen Welt. Ich fahre blitzschnell über das Eis, ich mache große Bögen und Schleifen, ich drehe mich im Kreis wie ein Wirbelwind. Herrlich! Dann mache ich einen Sprung.

Etwas geht schief. Ich verrenke mir den Fuß und falle um. Ich kann nicht aufstehen. Ich schreie. Niemand hört mich. Ich liege auf dem kalten, harten Eis, und bald ist mir auch eiskalt. Es fängt an zu schneien. Es wird bald ganz dunkel sein. Ich habe Angst. Ich schreie wieder.

Niemand. Ich sterbe vor Kälte, wenn ich die ganze Nacht so liege. Aber ich kann mich nicht bewegen.

Dann höre ich, ganz leise, Schritte im Schnee. Jemand kommt vorbei! Ich rufe.

„Wer ist da?" fragt eine Stimme erstaunt.

„Ich bin es – Jutta! Ich kann nicht mehr gehen."

Bald ist er da. Ich erkenne ihn. Er sitzt neben mir in der Schule. Er heißt Johann. Er zieht mich hoch. Ich stütze mich auf ihn, und er bringt mich sehr langsam nach Hause. Er hat mir das Leben gerettet.

„Aber sag es nicht den anderen", sagt er. „Sie werden mich auslachen".

Ach, die Jungs! Wie komisch sie manchmal sind!

LESEN, SCHREIBEN, ÜBEN…

sie sind alle weg
ich bin allein
ich drehe mich um
ich falle um
er zieht mich hoch
ich stütze mich auf ihn
sie lachen mich aus

etwas geht schief
es fängt an

ich fahre blitzschnell
ich mache große Bögen
ich verrenke mir den Fuß
ich habe Angst
er hat mir das Leben
                gerettet
ich erkenne ihn

in einer weißen Welt
auf dem harten Eis

14. EINE PROBE

Vor fünfhundert Jahren lebte in Nürnberg ein großer Maler. Sein Name war Albrecht Dürer, und er malte viele wunderbare Bilder. Ich erzähle dir eine Geschichte über ihn.

Dürer geht auf eine Reise nach Italien. Eines Abends wird er zu einem Festmahl eingeladen. Viele andere berühmte Maler sind auch dabei. Nach dem Essen sagt der Gastgeber:

„Wir sind alle Maler, aber wer ist der beste? Kommt, wir machen eine Probe." Er holt Stifte und viel Papier und sagt: „Wer in zehn Minuten die beste Zeichnung macht, der ist der Meister!"

Alle fangen an. Viele wundervolle Bilder erscheinen auf dem Papier. Nur Dürer tut nichts. Er lächelt und schaut zu. Erst in der letzten Minute nimmt er den Stift in die Hand. Er zeichnet auf sein Blatt nur einen großen Kreis. Dann setzt er einen Punkt in die Mitte. Die anderen sind erstaunt. Das soll ein Bild sein? Sie lachen laut und lang.

Aber einer der Maler hat einen Zirkel dabei. Aus Spaß prüft er damit den Kreis. Aber das ist doch unmöglich! Der Kreis ist absolut perfekt! Und der Punkt liegt *genau* in der Mitte!

Jetzt lacht niemand mehr. Alle wissen jetzt, wer der Meister ist.

„Der Punkt liegt genau in der Mitte..."

Du weißt es sicher auch. Kannst du aber sagen, warum? Ist es schwer oder leicht, einen perfekten Kreis zu zeichnen? Kannst du das?

LESEN, SCHREIBEN, ÜBEN...

die Probe	berühmt
der Maler	erstaunt
die Reise	laut
das Festmahl	lang
der Gastgeber	unmöglich
der Stift	genau
die Zeichnung	schwer
das Blatt	leicht
der Kreis	perfekt
der Punkt	
der Zirkel	

ALBRECHT DÜRERS berühmte
Zeichnung eines Hasen

15. DER MALER UND DER KAISER

Albrecht Dürer ist im Rathaus. Er steht hoch oben auf einer wackligen Leiter. Er malt ein großes Bild an die Wand.

Plötzlich öffnet sich die Tür. Viele Edelmänner treten herein. Dann tritt der Kaiser selbst herein. Sie wollen alle das neue Bild sehen. Dürer arbeitet weiter, und sie schauen zu.

Dann bemerkt der Kaiser, wie die Leiter wackelt. „Halte ihm die Leiter", sagt er zu einem Edelmann, „sonst fällt er herunter."

„Ich bin ein Graf! Ich halte nicht die Leiter eines Malers!"

Der Kaiser bittet einen anderen und noch einen anderen, aber alle sagen nein. Sie sind einfach zu stolz. Als der letzte auch nein sagt, tritt der Kaiser selbst vor. Er wirft seinen Mantel ab und hält selbst die Leiter fest. Dürer bemerkt es. Er steigt hinunter und verbeugt sich tief vor dem Kaiser. Der Kaiser aber dreht sich zu den anderen um und sagt:

„Ihr seid alle stolz und dumm! Ich könnte aus einem Dürer auf der Stelle einen Edelmann machen. Aber aus euch allen zusammen könnte ich nicht einmal ein Zehntel eines Dürer machen."

LESEN, SCHREIBEN, ÜBEN...

der Kaiser	wacklig	er steht
die Leiter	riesig	er arbeitet
das Gemälde	stolz	er bemerkt
der Edelmann	dumm	er fällt
der Mantel		er bittet
ein Zehntel		er steigt herunter
		er dreht sich um
		er verbeugt sich tief

Anhang

Einige Hinweise
für die Lehrerin/den Lehrer

Der folgende Teil dieses Lesebuchs ist keineswegs als Schema oder festgelegter Unterrichtsplan gedacht. Er bietet nur kleine Anregungen zur Gestaltung des Unterrichts, die bei jeder Kinderkonstellation und jedem Lehrer/jeder Lehrerin unterschiedlich sein wird. Deshalb sind auch die folgenden Bemerkungen sehr locker und unverbindlich zu nehmen.

1. Die dreißig Kapitel sollten idealerweise über ein ganzes Schuljahr verteilt werden - die jeweilige Jahreszeit spiegelt sich auch im Inhalt wider - und für jedes Kapitel wird mindestens eine Woche (2 oder womöglich 3 Unterrichtsstunden) benötigt, um das Material gründlich zu bearbeiten. Der parallel begleitende, vom Lehrer gestaltete Grammatikunterricht wird sich oft leicht an den Text anknüpfen lassen, zum Beispiel die Konjugation der regelmäßigen Verben im Präsens (erstes, zweites Kapitel) oder die Einführung des Perfekts (elftes, dreizehntes und vierzehntes Kapitel) usw.

2. Die Lektüre des Texts soll immer anfangs auf der Gefühlsebene stattfinden und das Analytische erst nachher hervortreten. Das heißt: Mehrmals laut lesen, entweder einzelne Kinder der Reihe nach oder alle im Chor oder beides abwechselnd; die Musik der Sprache und das noch etwas fremde Schriftbild in sich aufnehmen, sich erst dann der Bedeutung des Texts nähern, mit Hilfe von Gesten des Erziehers und durch die Suche und Entdeckung schon bekannter Wörter.

3. Die Wortgruppen nach jedem Text haben nur den Zweck, Wortfamilien oder Wortverbindungen aus dem Text überschaubarer zu machen. Wenn sie auch manchmal grammatische Prinzipien widerspiegeln, ist die Absicht nicht, ein Grammatikthema einzuleiten, sondern nur das Gehör für typische syntaktische Zusammen klänge zu bilden oder Wörter ähnlicher Bedeutung bzw. Funktion zusammenzubringen.

4. Im Anhang stehen für jedes Kapitel einige Fragen über den Text, die immer aus dem Text beantwortbar sind. Dies gilt auch für die darunter stehenden kleinen Übungen. Alle Fragen und Übungen können zuerst mündlich und später schriftlich bearbeitet werden und sind - ich betone - nur *Beispiele:* Die Lehrerin/der Lehrer kann natürlich viele andere finden.

Fragen und Übungen zum Text

1. Über mich

i. Wie alt ist Johann?
ii. Wo wohnt er?
iii. Wie viele Brüder hat er?
iv. Hat er auch eine Schwester?
v. Spielt Franz Klavier?
vi. Was spielt Johann lieber: Gitarre oder Basketball?

Finde mit Hilfe des Texts die fehlenden Wörter:

i. Ich — zwölf Jahre alt.
ii. Wir — in einem Haus.
iii. Sie — Klavier.
iv. Du — Trompete.
v. Er — Johann.
vi. Du — klein, aber ich — groß.

2. Wo wohne ich?

i. In welcher Stadt wohnt Johann?
ii. Ist Johanns Wohnung im zweiten oder im vierten Stock?
iii. Was sieht Johann von seinem Zimmer aus?
iv. Sieht Julia den Park von ihrem Zimmer aus?
v. Wie viele Zimmer hat die Wohnung?
vi. Ist das Wohnzimmer groß oder klein?

Finde mit Hilfe des Texts die fehlenden Wörter:

i. Ich wohne in — Haus.
ii. Berlin ist — große Stadt. Wohnst du in — Stadt?
iii. Das ist — dritte Stock, aber wir wohnen — vierten Stock.
iv. Die Schule steht — Stadtrand.
v. Mein Haus ist in — Stadtmitte.
vi. Mein Onkel wohnt auf — Land.

3. Der Tag beginnt

i. Um wieviel Uhr steht Johann auf?
ii. Was isst Johann zum Frühstück?
iii. Was holt Johann aus seinem Schlafzimmer?
iv. Fährt er mit dem Bus in die Schule?
v. Wer wartet auch auf die Straßenbahn?
vi. Wie kommt Franz in die Schule?

Finde mit Hilfe des Texts die fehlenden Wörter:

i. Ich — auf die Straßenbahn. *(warten)*
ii. Du — auf den Bus. „
iii. Sie — auf Johann. „
iv. Wir — auf dich! „
v. Worauf — ihr alle? „
vi. Georg und Sonja — auch. „

4. In der Straßenbahn

i. Wo hält die Straßenbahn an?
ii. Gibt es viele Leute in der Straßenbahn?
iii. Wohin fahren sie alle?
iv. Wo steigen die Kinder aus?
v. Ist die Schule weit weg? Wie weit?
vi. Um wieviel Uhr fängt die Schule an?

Finde mit Hilfe des Texts die fehlenden Wörter:

i. Die Schule — nicht weit weg.
ii. Jetzt — wir in der Bahnhofstraße.
iii. Ich — immer so müde!
iv. Ich kann dich nicht sehen. Wo — du?
v. Seine Freunde — alle da.
vi. Kinder, seid still! Ihr — zu laut!

5. Unsere Stadt

i. Was fließt durch die Mitte von Nürnberg?
ii. Was gibt es hoch auf einem Felsen?

iii.	Was gibt es auf dem Platz vor der Lorenzkirche?
iv.	Gibt es viele Läden in Nürnberg?
v.	Was gibt es jedes Jahr auf dem Marktplatz?
vi.	Was kann man auf dem Weihnachtsmarkt kaufen?

Finde mit Hilfe des Texts die fehlenden Wörter oder Wortteile:

i.	Nürnberg ist — sehr — Stadt.
ii.	Dieser Stadtteil ist nicht neu. Er ist d— — Teil der Stadt.
iii.	Es gibt ein— groß— Weihnachtsmarkt auf d— Marktplatz.
iv.	Die Leute kommen aus d— ganz— Welt.
v.	Die Stadt hat breit— Straßen mit viel— Läden.
vi.	Dort kann man d— allerbest— Lebkuchen kaufen.

6. In der Schule

i.	In welcher Klasse ist Johann?
ii.	Wie viele Kinder gibt es in seiner Klasse?
iii.	Wo sitzt Johann?
iv.	Wer sitzt hinten?
v.	Warum darf Johann nicht neben Georg sitzen?
vi.	Woher kommt Jutta?

Finde mit Hilfe des Texts die fehlenden Wörter oder Wortteile:

i.	Ich sitz— genau in der Mitte.
ii.	Alle meine Freunde sitz— hinter mir.
iii.	Wir red— zu viel, wenn wir nebeneinander sitz—.
iv.	Ich d— nicht neben Georg sitzen.
v.	Er k— sehr schnell laufen.
vi.	Du k— ihn nicht fangen.

7. Eine kleine Störung

i.	Es ist ganz still in der Klasse. Was tun die Kinder?
ii.	Warum schreit Heidi Müller?
iii.	Ist die Maus weiß oder schwarz oder braun?
iv.	Wo sitzt die Maus?
v.	Wie heißt die Maus?
vi.	Was macht Herr Schäfer mit der Maus?

Finde mit Hilfe des Texts die fehlenden Wortteile:

i. Das komm— vom vielen Denken.
ii. Wir schreib— einen Brief.
iii. Heidi schrei— zu laut.
iv. Er steck— die Maus in eine Schachtel.
v. „Was ist los?" ruf— Herr Schäfer.
vi. Alle Kinder schrei— laut.

8. Jutta erzählt

i. Woher kommt Jutta?
ii. Wo wohnt sie? In Nürnberg selbst?
iii. Sind die Straßen breit oder eng?
iv. Jutta geht wie im Traum. Sieht sie die Autos? Hört sie ihre Motoren?
v. Was hört sie?
vi. Was macht der Hahn?

Finde mit Hilfe des Texts die fehlenden Wortteile:

i. Es gibt viel— alt— Häuser.
ii. Ich gehe durch d— eng— Straßen.
iii. Ich sehe die Händler in ihr— bunt— Kleidern.
iv. Die Händler rufen mit laut— Stimme.
v. Ich war vor viel— Jahren in diesem Dorf.
vi. Sie rufen: „Frisch— Äpfel!", „Süß—, rotbackig— Forellen."

9. Vorbereitungen

i. Welcher Tag ist heute?
ii. Wo ist Jutta?
iii. Warum gibt es so viele Leute?
iv. Wie spät ist es?
v. Was steht auf dem Platz vor der Lorenzkirche?
vi. Was hört Jutta in der Ferne?

Finde mit Hilfe des Texts die fehlenden Wörter:

i. Jutta ist in — Stadt.
ii. Es ist sehr kalt — Dezember.
iii. Ein großer Tannenbaum steht auf — Platz.
iv. Viele Leute stehen vor — Lorenzkirche.
v. Weiße Lichter hängen über — Straßen.
vi. Ich höre Glocken in — Ferne.

10. Die Weihnachtszeit

i. Wer legt die Geschenke unter den Weihnachtsbaum?
ii. Was macht die ganze Familie vor dem Weihnachtsbaum?
iii. Wer kommt dieses Jahr aus Hannover?
iv. Was bringt Juttas Großmutter mit?
v. Wie oft backt Juttas Großmutter Plätzchen? Jede Woche?
vi. Ist Juttas Großmutter jung oder alt?

Bilde Sätze aus den drei Gruppen:

Am 24. Dezember	wunderbare	Weihnachtslieder.
Sie kommt	die Geschenke	auspacken.
Die ganze Familie	müssen	aus Hannover.
Sie können	singt	den Christbaum auf.
Sie backt	mit dem Zug	warten.
Die kleinen Kinder	stellen wir	Plätzchen.

11. Silvester bei Johann

i. Wie heißt in Deutschland der letzte Dezembertag?
ii. Was hat Johanns Vater gekauft?
iii. Wie lange hat Georg sein Taschengeld gespart?
iv. Was will Georg kaufen?
v. Hat er eine große Rakete gekauft?
vi. Es ist Mitternacht. Was schauen sie an?

Finde mit Hilfe des Texts die fehlenden Wörter und Wortteile:

i. Mein Vater — viele Feuerwerkskörper gekauf— .
ii. Georg — sein Taschengeld gespar— .

iii. Ich — ihm gesag— : „Sei nicht so dumm!"
iv. Du — Glück gehab— !
v. Georg — laut gelach— .
vi. Er — keinen Pfennig dafür bezahl— .

12. Jutta im Winter (1)

i. Welche Jahreszeit ist es?
ii. Was fällt vom grauen Himmel?
iii. Wer kommt heute Nachmittag vorbei?
iv. Was zieht Jutta an?
v. Was rufen die Kinder, als es dunkel wird?
vi. Geht Jutta mit den anderen nach Hause?

Wie viele Wörter kennst du, die mit dem Winter verbunden sind? Schreibe sie alle auf und versuche dann, mit einfachen deutschen Sätzen einen Wintertag zu beschreiben.

13. Jutta im Winter (2)

i. Wie viele Leute sind jetzt auf dem Eis?
ii. Jutta hat sich den Fuß verrenkt. Kann sie aufstehen?
iii. Sie schreit. Aber wer hört sie?
iv. Sie hört Schritte im Schnee. Wer kommt vobei?
v. Was macht Johann, als er Jutta findet?
vi. Was sagt Johann, und was sagt Jutta dazu?

Versuche, die folgenden Sätze ins Perfekt zu setzen. Im ersten Satz ist ein Beispiel für dich. Die *nicht* unterstrichenen Wörter bleiben immer gleich:

i. Ich mache einen Sprung (ich habe einen Sprung gemacht)
ii. Ich verrenke mir den Fuß.
iii. Es schneit wieder.
iv. Ich höre Schritte im Schnee.
v. Ich stütze mich auf ihn.
vi. Er sagt etwas zu ihr .

14. Eine Probe

i. Wie heißt der Maler?
ii. Was hat der Gastgeber gesagt?
iii. Was hat der Gastgeber geholt?
iv. Was hat Dürer gemacht?
v. Was hat einer der Maler mitgebracht?
vi. Was hat der Maler mit dem Zirkel gemacht?

Versuche, die folgenden Sätze ins Perfekt zu setzen:

i. Ich erzähle dir eine Geschichte.
ii. Wir machen eine Probe.
iii. Dürer lächelt.
iv. Er zeichnet einen großen Kreis.
v. Er setzt einen Punkt in die Mitte.
vi. Sie lachen laut und lang.

15. Der Maler und der Kaiser

i. Was hat Albrecht Dürer gemalt?
ii. Was hat der Kaiser bemerkt?
iii. Was hat der Kaiser zum Edelmann gesagt?
iv. Was hat der Edelmann geantwortet?
v. Hat einer von den anderen „ja" gesagt?
vi. Was hat Dürer vor dem Kaiser getan?

Versuche, die folgenden Sätze ins Perfekt zu setzen:

i. Die Tür öffnet sich.
ii. Dürer arbeitet weiter.
iii. Der Kaiser bemerkt, wie die Leiter wackelt.
iv. Alle Edelmänner sagen „nein".
v. Dürer verbeugt sich tief vor dem Kaiser.
vi. Der Kaiser dreht sich zu den anderen um.

VOKABELN
(deutsch-englisch)

1. ÜBER MICH

aber *but*
acht *eight*
also *so (NOT also!)*
alt *old*
auch *also*
das **Auge** *eye*
bei *with, at*
ich **bin** *I am*
ein **bisschen** *a little bit*
blau *blue*
die **Blockflöte** *recorder*
braun *brown*
der **Bruder** *brother*
der, die, das *the*
Deutschland *Germany*
du *you (family and friends)*
ein, eine *a, an; one*
erst *only; first*
fünfzehn *fifteen*
die **Gitarre** *guitar*
groß *big*
die **Haare** *hair*
haben *to have*
hallo *hello*
heißen *to be called*
ich *I*
in *in*
ist *is*
das **Jahr** *year*
das **Klavier** *piano*
klein *small*
kurz *short*
lange *long*
lieber *rather*
mein *my*
mich *me*
mittelgroß *medium-sized*
die **Mutter** *mother*

nicht *not*
nichts *nothing*
nur *only*
schon *already*
die **Schule** *school*
die **Schwester** *sister*
sehr *very*
sie *she; they*
sind *are*
spielen *to play*
über *about; over*
und *and*
unser *our*
der **Vater** *father*
was *what*
wie *how*
wir *we*
wo *where*
wohnen *to live*
zwölf *twelve*

2. WO ICH WOHNE

ab und zu *now and then*
auf *on, onto*
aus *out, out of*
das **Auto** *car*
das **Badezimmer** *bathroom*
der **Baum** (die **Bäume**) *tree (trees)*
der **Balkon** *balcony*
dein *your*
draußen *outside*
das **Fenster** *window*
das **Haus** *hause*
kein *no (not any)*
klein *small*
die **Küche** *kitchen*
auf dem **Land** *in the country*
mit *with*
natürlich *of course*

55

nein *no*
der Park *park*
schön *beautiful, nice*
sehen *to see*
die Seitenstraße *side street*
sieht (see: **sehen**)
sitzen *to sit*
sogar *even*
die Stadt *town*
die Stadtmitte *town centre*
am Stadtrand *on the edge of town*

der Stock *floor (storey)*
die Straße *street*
die Straßenbahn *tram*
viel *much, many*
vier *four*
vierte *fourth*
die Wohnung *flat*
das Wohnzimmer *living-room*
das Zimmer *room*

3. DER TAG BEGINNT

aufstehen *to get up*
best (-er, -e, -es) *best*
das Brötchen *bread roll*
die Butter *butter*
dann *then*
der Bus *bus*
dort *there*
essen *to eat*
fahren *to drive, to go (by vehicle)*
der Freund *friend*
früh *early*
das Frühstück *breakfast*
gehen *to walk, to go (on foot)*
die Grundschule *primary school*
halb *half*
sieben *seven*
hinausgehen *to go out*
holen *to fetch*
immer *always*

die Jacke *jacket*
jeder *each*
kommen *to come*
das Lieblingsfrühstück *favorite breakfast*
die Marmelade *jam*
der Morgen *morning*
muss *must*
nach *after*
noch früher *even earlier*
schnell *quickly, fast*
der Schuh *shoe*
die Schultasche *satchel*
sieben *seven*
die Tasse *cup*
der Kakao *cocoa*
trinken *to drink*
um *at, about*
das Viertel *quarter*
warten *to wait*
waschen *to wash*
weg *away*
weit weg *far away*
ich ziehe mich **an** *I get dressed*
zu Fuß *on foot*
zwei *two*

4. IN DER STRASSENBAHN

alle *all*
die Arbeit *work*
aussteigen *to get out*
beginnen *to begin*
drei *three*
einkaufen *to go shopping*
einsteigen *to get in*
es fängt an *it begins*
ganz *quite*
es gibt *there is, there are*
halb *half*
es hält an *it stops*
die Haltestelle *stop (for bus or tram)*
jetzt *now*

das **Kind,** die **Kinder** *child, children*
das **Klassenzimmer** *classroom*
klingeln *to ring*
die **Leute** *people*
die **Minute** *minute*
miteinander *with one another*
müde *tired*
oder *or*
es **öffnet sich** *it opens*
plaudern *to chat*
schlimm *bad*
die **Straßenbahn** *tram*
die **Stunde** *hour*
die **Tür** *door*
es ist ... **Uhr** *it's ... o'clock*
wach *awake*
wann *when*
die **Zeit** *time*
zu *to*

5. UNSERE STADT

zum **Beispiel** *for example*
breit *wide, broad*
die **Burg** *fort, castle*
davon *of it*
das **Dorf** *village*
durch *through*
der **Fels** *rock*
fließen *to flow*
der **Fluss** *river*
hier *here*
hoch *high (adv.)*
hohe *high (adj.)*
hören *to hear*
kaufen *to buy*
die **Kirche** *church*
der **Laden** *shop*
Lebkuchen *a kind of spiced cake*
lecker! *delicious!*
der **Markt** *market*
die **Mauer** *wall*

die **Mitte** *middle*
die **Musik** *music*
der **Platz** *place; square*
riesig *huge*
die **Sache** *thing*
schön *beautiful, nice*
spitz *pointed*
der **Straßenmusikant** *busker*
der **Teil** *part*
der **Turm,** die **Türme** *tower, towers*
vor *in front of, before, ago*
wandern *to wander*
Weihnachten *Christmas*
die **Welt** *world*

6. IN DER SCHULE

ich **darf nicht** *I'm not allowed*
direkt *exactly, directly*
fangen *to catch*
fünfte *fifth*
ganz *quite*
genau *exactly*
glauben *to believe*
hinten *behind, at the back*
der **Junge** *boy*
du **kannst** *you can*
laufen *to walk, to run*
der **Lehrer** *teacher*
links *on the left*
das **Mädchen** *girl*
manchmal *sometimes*
neben *next to*
nebeneinander *next to one another*
nie *never*
Norddeutschland *Northern Germany*
die **Pause** *breaktime*
rechts *on the right*
der **Nachname** *surname*
rufen *to call, shout*
wetten *to bet*
sagen *say*
schade! *what a pity!*
vergessen *to forget*

vorne *in front, at the front*
wahr *true*
warum *why*
wenn *if*
wer *who*
wirklich *really*

7. EINE KLEINE STÖRUNG

bleiben *to stay*
denken *to think*
die **Ecke** *corner*
einschlafen *to fall asleep*
fragen *to ask*
heute *today*
um **Himmels willen!** *for heaven's sake!*
er **hört zu** *he listens*
der **Kopf** *head*
laut *loud*
leise *quiet*
die **Maus** *mouse*
plötzlich *suddenly*
rechnen *to do sums*
die **Schachtel** *box*
schreiben *to write*
schreien *to scream, shout*
schwer *difficult, heavy*
stecken *to put*
still *quiet*
der **Stuhl** *chair*
die **Tasche** *pocket*
vielleicht *perhaps*
was ist los? *what's up? what's wrong?*
es tut **weh** *it hurts*
es **wird** *it gets, it becomes*
woher? *from where?*

8. JUTTA ERZÄHLT

der **Apfel (Ä-)** *apple*
auf und ab *up and down*

das **Auto** *car*
bellen *to bark*
bunt *coloured*
ich bin **dran** *it's my turn*
eng *narrow*
entlang *along*
der **Esel** *donkey*
die **Forelle** *trout*
frisch *fresh*
gebraten *roast*
genug *enough*
der **Hahn** *cockerel*
der **Händler** *seller, trader*
hübsch *pretty*
das **Huhn,** die **Hühner** *chicken, chickens*
der **Hund** *dog*
hupen *to hoot, beep*
die **Kleider** *clothes*
krähen *to crow*
langsam *slow(ly)*
die **Mandel** *almond*
das **Märchen** *fairy tale*
in der **Nähe** *near*
neu *new*
im **Norden** *in the north*
das **Pferd** *horse*
er hat **Recht** *he's right*
rotbackig *rosy-cheeked*
es **sieht aus** *it looks like*
seit *since*
selbst *itself*
staunend *in wonder*
die **Stimme** *voice*
süß *sweet*
der **Traum** *dream*
vorbei *past*
die **Waren** *goods, wares*
wiehern *to neigh, whinny*
ziemlich *rather, quite*

9. VORBEREITUNGEN

anders *different*
die **Bratwurst** *a kind of sausage*
dunkel *dark*
durcheinander *mixed up together*
erstens *firstly*
fröhlich *cheerful, merry*
fühlen *to feel*
das **Gebäck** *baking; bread and biscuits*
gebrannt *burnt*
geröstet *roasted*
der **Geruch,** die **Gerüche** *smell, smells*
das **Glockengebimmel** *tinkling of bells*
hängen *to hang*
hell *bright*
in der Ferne *in the distance*
die **Kastanie** *chestnut*
klingen *to sound*
leuchten *to shine*
das **Licht (-er)** *light(s)*
die **Menge** *crowd*
nachmittags *in the afternoon*
die **Nadel** *needle*
die **Nelke** *clove*
ein **paar** *a few*
riechen *to smell*
Samstag *Saturday*
das **Schaufenster** *shop window*
die **Tanne** *fir tree*
üblich *usual*
die **Vorbereitung** *preparation*
wunderbar *wonderful*
Zimt *cinnamon*
zweitens *secondly*

10. DIE WEIHNACHTSZEIT

der **Abend** *evening*
das **Abendessen** *supper, evening meal*
aufgestellt *set up*
auspacken *to unpack*
backen *to bake*
besuchen *to visit*
brauchen *to need*
der **Christbaum** *Christmas tree*
diesmal *this time*
dürfen *to be allowed*
endlich *at last*
feiern *to celebrate*
das **Geschenk** *present*
geschmückt *decorated*
gesund *healthy*
die **Großmutter** *grandmother*
irgendwie *somehow*
die **Kerze** *candle*
lebhaft *lively*
legen *to lay, put*
leuchtend *shining*
das **Lied (-er)** *song(s)*
das **Plätzchen** *biscuit*
scheinen *to seem, appear*
schmecken *to taste*
spazieren (gehen) *to (go for a) walk*
der/die **Verwandte** *relative*
vorher *before, previously*
warten *to wait*
das **Wetter** *weather*
wichtig *important*
der **Zug** *train*
die **Zunge** *tongue*

11. SILVESTER BEI JOHANN

besser *better*
bezahlen *to pay*
blitzen *to flash*
das **Buch** *book*
dumm *silly, stupid*
ekelhaft *disgusting*
explodieren *to explode*
das **Feuer** *fire*
der **Feuerwerkskörper** *firework*

das **Feuerwerk** *fireworks, firework display*
die **Flasche** *bottle*
die **Frau** *woman*
funkeln *to sparkle*
das **Geld** *money*
gestern *yesterday*
du hast **Glück** *you're lucky*
heimlich *secret(ly)*
kaufen *to buy*
krachen *to make a noise, go bang*
die **Luft** *air*
Mitternacht *midnight*
der **Nachbar** *neighbour*
der **Pfennig** *penny*
probieren *to try out*
der **Punkt** *point*
die **Rakete** *rocket*
schießen *to shoot*
die **Seite** *page*
das **stimmt** *that's right*
Silvester *New Year's Eve*
das **Taschengeld** *pocket money*
tausend *thousand*
wütend *furious*
werfen *to throw*
zischen *to hiss*

12. JUTTA IM WINTER (1)

allein *alone*
bitterkalt *bitterly cold*
blass *pale*
draußen *outside*
das **Eis** *ice*
eiskalt *icy cold*
ich **freue mich darauf** *looking forward to it*
die **Freundin** *friend (girl)*
gefroren *frozen*
glücklich *happy*
grau *grey*
der **Handschuh** *glove*

die **Mütze** *cap, hat*
scheinen *to shine*
der **Schlittschuh** *ice-skate*
die **Schneeflocke** *snowflake*
die **Sonne** *sun*
der **Teich** *pond*
trotzdem *all the same*
der **Unfall** *accident*
vorbeikommen *to call in, drop in*
der **Wald** *wood*
der **Winter** *winter*
die **Wolke** *cloud*

13. JUTTA IM WINTER (2)

ich habe **Angst** *I'm afraid*
auslachen *to laugh at*
bald *soon*
sich **bewegen** *move*
(ich **bewege** mich *I move*)
blitzschnell *quick as a flash*
der **Bogen (-ö-)** *curve(s)*
drehen *to turn*
erkennen *to recognise*
erstaunt *astonished*
der **Fuß** *foot*
gerettet *saved* (from **retten** *to save*)
herrlich *splendid, wonderful*
die **Kälte** *(the) cold*
komisch *funny*
der **Kreis** *circle*
liegen *to lie*
niemand *nobody*
es geht **schief** *it goes wrong*
die **Schleife** *loop*
schneien *to snow*
der **Schritt** *footstep*
der **Sprung** *jump*
sterben *to die*
stützen *to support*
umfallen *to fall over*
ich **falle um** *I fall over*

verrenken *to twist, sprain*
sie **werden**... *they will...*
der **Wirbelwind** *whirlwind*

14. EINE PROBE

berühmt *famous*
das **Bild,** die **Bilder** *picture(s)*
dabei *present, there*
einladen *to invite*
erscheinen *to appear*
das **Festmahl** *feast*
fleißig *busy*
der **Gastgeber** *host*
Italien *Italy*
lächeln *to smile*
lachen *to laugh*
der **Maler** *painter*
malen *to paint*
das **Papier** *paper*
die **Probe** *test*
prüfen *to test*
die **Reise** *journey*
der **Spaß** *fun*
der **Stift (Bleistift)** *pencil*
tun *to do*
unmöglich *impossible*
zeichnen *to draw*
die **Zeichnung** *drawing*
der **Zirkel** *compass*

halten *to hold*
herunter *down (seen from below)*
hinunter *down (seen from above)*
hoch oben *high up*
der **Kaiser** *emperor*
könnte *could*
die **Leiter** *ladder*
nicht einmal *not even*
öffnen *to open*
plötzlich *suddenly*
das **Rathaus** *town hall*
steigen *to climb*
auf der **Stelle** *on the spot, immediately*
stolz *proud*
tief *low*
treten *to step*
er **verbeugt** sich *he bows*
wacklig *shaky, wobbly*
wackeln *to wobble*
die **Wand** *wall*
ein **Zehntel** *a tenth (fraction)*

15. DER MALER UND DER KAISER

ab *off, aside*
bemerken *to notice*
bitten *to ask, request*
der **Edelmann,** die **Edelmänner** *nobleman, -men*
einfach *simple, simply*
euch *you; to you (acc. or dat.)*
fest *firm(ly)*
der **Graf** *count*